重庆公路隧道地质雷达检测技术指南

Technical Guidance of Geological Radar Detection for Highway Tunnel in Chongqing

重庆市交通委员会工程质量安全监督局 主编

人民交通出版社股份有限公司
China Communications Press Co.,Ltd.

图书在版编目(CIP)数据

重庆公路隧道地质雷达检测技术指南/重庆市交通委员会工程质量安全监督局主编. —北京：人民交通出版社股份有限公司，2015.4
ISBN 978-7-114-12140-1

Ⅰ.①重… Ⅱ.①重… Ⅲ.①公路隧道—地质—雷达—检测—重庆市—指南 Ⅳ.①U459.2-62

中国版本图书馆CIP数据核字(2015)第060453号

书　　名：	重庆公路隧道地质雷达检测技术指南
编 著 者：	重庆市交通委员会工程质量安全监督局
责任编辑：	赵瑞琴
出版发行：	人民交通出版社股份有限公司
地　　址：	(100011)北京市朝阳区安定门外外馆斜街3号
网　　址：	http://www.ccpress.com.cn
销售电话：	(010)59757973
总 经 销：	人民交通出版社股份有限公司发行部
经　　销：	各地新华书店
印　　刷：	北京市密东印刷有限公司
开　　本：	880×1230　1/16
印　　张：	3.25
字　　数：	87千
版　　次：	2015年4月　第1版
印　　次：	2015年4月　第1次印刷
书　　号：	ISBN 978-7-114-12140-1
定　　价：	20.00元

(有印刷、装订质量问题的图书由本公司负责调换)

前　言

国家和交通行业现行标准中没有专门针对公路隧道地质雷达检测的相关规范。为规范和指导公路隧道地质雷达检测工作，提高检测质量和水平，保证安全，编制组在依托自身最新研究成果，总结现有应用与技术成果的基础上，参考国内外有关成果及规范，并结合重庆地方特点，制定本指南。

本指南的主要技术内容为：1.总则；2.术语和符号；3.检测指标；4.仪器设备；5.检测方案编制；6.现场检测；7.数据处理；8.图像解译；9.检测报告；10.检测质量控制；附录A.地质雷达隧道检测现场记录推荐格式；附录B.重庆地区混凝土相对介电常数参考值；附录C.典型特征图像。

由于作者水平有限，指南中难免存在不妥或疏漏之处，希望读者提出宝贵意见和建议。本指南由重庆市公路工程质量检测中心负责具体技术内容的解释。本指南执行过程中如有意见或建议，请寄送至重庆市公路工程质量检测中心（地址：重庆市南岸区南区路58号，邮编：400060，E-mail:10618049@qq.com）。

主 编 单 位：重庆市交通委员会工程质量安全监督局
参 编 单 位：重庆市公路工程质量检测中心
　　　　　　　招商局重庆交通科研设计院有限公司
编 写 人 员：李建军　沈小俊　王连成　陈伯奎　林　志
　　　　　　　涂　耘　文　力　秦　峰　谭大龙　谢　锋
　　　　　　　李铁军　汪　洋　谢应爽　高　飞　曾知法
　　　　　　　陈　强　刘俊强

目　　次

1　总则 ··· 1
2　术语和符号 ·· 2
　2.1　术语 ··· 2
　2.2　符号 ··· 4
3　检测指标 ··· 6
4　仪器设备 ··· 8
　4.1　仪器性能及要求 ·· 8
　4.2　仪器保养和管理 ·· 8
　4.3　注意事项 ··· 8
5　检测方案编制 ··· 10
6　现场检测 ··· 11
　6.1　现场准备 ··· 11
　6.2　仪器和设备准备 ·· 12
　6.3　原始记录与表格准备 ·· 12
　6.4　相关工程图件资料准备 ··· 12
　6.5　现场检测实施 ··· 13
7　数据处理 ··· 16
8　图像解译 ··· 18
　8.1　典型特征图像 ··· 18
　8.2　注意事项 ··· 18
9　检测报告 ··· 20
　9.1　报告编写 ··· 20
　9.2　报告审查 ··· 20
10　检测质量控制 ··· 22
　10.1　自检要求 ·· 22
　10.2　检测质量评定 ·· 22
　10.3　争议处理 ·· 23
附录A　地质雷达隧道检测现场记录推荐格式 ·· 24
附录B　重庆地区混凝土相对介电常数参考值 ·· 27
附录C　典型特征图像 ··· 28

1 总则

1.0.1 为规范和指导公路隧道地质雷达检测工作,提高检测质量和水平,促进隧道工程质量和安全,制定本技术指南。

1.0.2 本技术指南适用于重庆市公路隧道地质雷达检测。

1.0.3 从事公路隧道地质雷达检测的检测(检查)机构、主要人员、仪器设备及相应检测(检查)参数必须符合相关行业要求。

1.0.4 检测机构应根据合同要求配备足够的专业人员和仪器设备。

1.0.5 公路隧道地质雷达检测工作,除应符合本技术指南外,尚应符合国家和交通运输部现行有关强制性标准的规定。

2 术语和符号

2.1 术语

2.1.1 混凝土结构 concrete structure
这里指构成路面、桥梁、隧道衬砌等的混凝土构件或结构体。

2.1.2 无损检测 nondestructive detection
即采用物探方法所进行的无须打眼、开孔、凿槽等辅助工作的非破损性检测。

2.1.3 地质雷达法 ground penetrating radar method
又称探地雷达法,即基于地下电磁波反射的定性定位探测法。

2.1.4 纵向测线 longitudinal survey line
沿混凝土构件或结构长轴方向或走向的雷达检测测线。

2.1.5 横向测线 cross survey line
垂直于混凝土构件或结构长轴方向或走向的雷达检测测线。

2.1.6 测点 survey point
构成测线的检测点。

2.1.7 测区 survey area
由测线或测点所构成的受控检测区域。

2.1.8 检测断面 detection section
由测线上测点所构成的断面,包括纵断面和横断面。

2.1.9 空洞 void
泛指混凝土结构、支护结构空腔及围岩中的空腔、溶洞、人防洞、采空区等。

2.1.10 脱空 void in concrete
特指不同结构层之间的空洞,如初期支护与二次衬砌之间的空洞、喷射混凝土喷层与围岩之间的空洞。

2.1.11 介电常数 dielectric constant
又称电容率,表征电介质极化性质的宏观物理量,即物质储存电荷的能力量度。定义为电位移 D

和电场强度 E 之比,单位为 F/m。介电常数以 ε 表示。

2.1.12 相对介电常数 relative permittivity

也称为相对电容率,即介质相对于空气的介电常数,相当于介质相对于真空使电容器电容变大的倍数,无量纲,以 ε_r 表示。

2.1.13 直达波 direct wave

又称初至波,即发射波经收发两天线所在介质表面直接被接收天线接收后在终端显示器(示波器、电脑)上显示出来的第一个电磁波,并以此作为(系统)计时起点。

2.1.14 反射波 reflected wave

由客观存在的电性异常目标界面所产生的回波。

2.1.15 雷达波速 radar wave speed

又称电磁波速度,即雷达波在相应介质中的传播速度,单位为 m/s。

2.1.16 探测方式 detection method

从电磁波原理方面,探测方式有反射法(含共中心点法、有测量轮测距的探测法)、穿透法。从探测操作方式上有连续探测方式、单点探测方式,在不同情况下选用。

2.1.17 中心工作频率 center work frequency

雷达宽频带系统中的中间频率值,单位为 Hz。

2.1.18 时窗 time window

即时间窗口,拟采集信号的时间长度,常用 Δt 表示,单位为 ns。

2.1.19 时域 time domain

时间域的简称,即通常所说的时间—距剖面图。即其动态信号 $x(t)$ 是描述信号在不同时刻取值的函数。

2.1.20 频域 frequency domain

频率域的简称,即通常所说的频谱图。即信号的频率或频率结构与该频率信号幅度的关系。

2.1.21 采样率 sample rate

根据采样定理,由模拟信号转换为数字信号时,为保证信号不失真而采用的单位时间内的采样点数(样点/s)。

2.1.22 采样间隔 sample interval

根据采样定理,由模拟信号转换为数字信号时为保证信号不失真而采用的相邻采样点间的时间间隔,其倒数为采样率。

2.1.23 低通 low-pass

低于某个频率点的信号通过该滤波器,而高于该值的信号被滤掉或截止。垂直低通滤波器

(VERT LP)用于压制高频干扰,如"雪花"等。

2.1.24 高通 high-pass
高于某个频率点的信号通过该滤波器,而低于该值的信号被滤掉或截止。垂直高通滤波器(VERT HP)用于压制低频干扰,即偏斜。

2.1.25 水平光滑滤波 horizontal smooth filter
用于压制水平方向上的随机干扰,光滑记录,增强层位的连续性。

2.1.26 水平背景去除滤波 horizontal background removal filter
用于改善识别小目标和倾斜反射的能力,消除水平干扰。这种滤波器不能用于数据采集模式,否则就会把地表反射和多种真正的水平层反射也滤掉了。

2.1.27 数据处理方法 data processing method
为达到某些突出效果的处理方法。包括水平拉伸或压缩、反褶积、速度分析、希尔伯特变换、偏移处理、增益恢复处理、表面校正、静态校正等。

2.1.28 有效异常 effective anomaly
检测目标所产生的反射波或异常。

2.1.29 干扰异常 interference anomaly
由检测目标以外的其他因素所引起的异常波形。

2.1.30 屏蔽天线 shielded antenna
为保证信号按一定的辐射角度定向发射或定向接收且不产生漏场,对天线振子除辐射方向外的其余方向进行电磁波屏蔽。

2.1.31 数字叠加和平均 data addition and average
在同一个测点上将进行多次探测的数据对应相加和平均,以提高信噪比和分辨率,突出反射异常。

2.1.32 盲区 blind area
指地质雷达波最小作用距离内的区域,在该区域内雷达波不能分辨任何目标。

2.2 符号

本技术指南各种符号及意义如下:
ns——时间单位,$1\text{ns} = 10^{-9}\text{s}$;
μs——时间单位,$1\mu\text{s} = 10^{-6}\text{s}$;
MHz——频率单位,$1\text{MHz} = 10^{6}\text{Hz}$;
GHz——频率单位,$1\text{GHz} = 10^{3}\text{MHz}$;
Δt——探测时窗长度,ns;
h——探测深度,m;
k——时窗长度调整系数;

ε_r——相对介电常数；
v——介质的电磁波速度；
IIR——无限脉冲响应数字滤波器,或递归滤波器；
FIR——有限单位脉冲响应数字滤波器；
scans/s——探测扫描速率单位,扫描线数量/s；
Gains——信号增益,dB；
c——光速,3×10^8m/s；
t——电磁波回波往返时间,s；
x——发射与接收天线距离,m；
wiggle——类似于地震波法中常用的回波变面积显示方式；
C25——混凝土强度等级(25MPa)。

3 检测指标

3.0.1 本技术指南所述检测项目和指标如表3.0.1所示。

表3.0.1 地质雷达检测指标一览表

检测项目	检测指标	检测阶段和类型			
		施工过程检测	交(竣)工检测	专项或病害检测	健康诊断或定期检测
初期支护	喷射混凝土厚度●	①有钢拱架时：★ ②无钢拱架时：△	△	△	△
	喷射混凝土密实性□	★	☆	☆	☆
	背后空洞◎	★	☆	☆	☆
	钢拱架数量及分布●	★	二衬无配筋☆ 二衬有配筋△	二衬无配筋☆	二衬无配筋☆
	含水情况□	☆	☆	☆	☆
二次衬砌	厚度●	★	★	★	★
	密实性□	★	★	★	★
	背后脱空◎	★	★	★	★
	钢拱架数量及分布●	①未配筋时：☆ ②有配筋时：△	①未配筋时：☆ ②有配筋时：△	无配筋☆ 有配筋△	无配筋☆ 有配筋△
	环向钢筋●	★,△(第二层配筋)	☆,△(第二层配筋)	☆,△(第二层配筋)	☆,△(第二层配筋)
	含水情况□	☆	☆	☆	☆
仰拱	厚度◎	☆(△)	☆(△)	☆(△)	☆(△)
	埋深◎	☆(△)	☆(△)	☆(△)	☆(△)
	配筋◎	☆(△)	☆(△)	☆(△)	☆(△)
	钢拱架数量及分布◎	☆(△)	☆(△)	☆(△)	☆(△)
	背后空洞◎	☆(△)	☆(△)	☆(△)	☆(△)
隧道路面	厚度●	☆(△)	☆(△)	☆(△)	☆(△)
	密实性□	☆	☆	☆	☆
	破损、离层、翻浆□	☆	☆	☆	☆
	配筋●	☆	☆	☆	☆
挡墙	厚度●	☆	☆	☆	☆
	密实性□	☆	☆	☆	☆

表3.0.1(续)

检测项目	检测指标	检测阶段和类型			
		施工过程检测	交(竣)工检测	专项或病害检测	健康诊断或定期检测
挡墙	背后空洞◎	☆	☆	☆	☆
	配筋●	☆	☆	☆	☆
	钢拱架数量及分布●	☆	☆	☆	☆
围岩	空洞、溶腔◎	☆	☆	☆	☆
	含水情况□	☆	☆	☆	☆
	完整性	☆	☆	☆	☆

注：●——定量指标；◎——半定量指标；□——定性指标；△——雷达较难实现或可进行综合试验性检测的指标；★——必检项目；☆——选检项目

3.0.2 地质雷达检测属于纵(横)向测线覆盖式检测工作，只能反映测线附近的即时受检状况，测线之间部分为不受检状态。

3.0.3 隧道工程检测按不同阶段可分为施工过程检测、交(竣)工验收检测、运营养护检测(专项或病害检测、健康诊断或定期检测)。

3.0.4 检测指标按重要性可分为必测项目和选测项目，以分别满足合格评定、结构安全评价或评估以及病害诊断要求。必测项目为各阶段相应规范、标准规定的必不可少的检测项目，选测项目可根据委托要求或实际需要进行选择检测的项目。

3.0.5 检测指标按评价方法，可分为定量指标、半定量指标、定性指标三类，对应检测指标可按精度要求分类提交。但应注意以下情况：
1) 当二次衬砌有环向配筋时，较难提供二次衬砌背后的钢拱架或钢格栅数量和分布情况。
2) 当二次衬砌为双层及以上环向配筋时，较难提供除第一层配筋以外的钢筋数量和分布。
3) 当初期支护未设置钢拱架、钢格栅或钢带等时，较难提供喷射混凝土厚度结果。此时对喷射混凝土厚度的合格评价应综合进行。

3.0.6 各阶段检测内容、频率、测线布置及评定方法，应分别满足相应阶段的规范、标准要求和实际需要。

3.0.7 除单项检测委托外，一项完整的检测应根据检测目的并结合拟检测对象特点选取全部必测项目和部分或全部选测项目。

4 仪器设备

4.1 仪器性能及要求

4.1.1 仪器性能应稳定、可靠,具有良好的防尘、防潮、抗颠震性能,对环境(温度、湿度、灰尘)有较强的适应性能,技术指标应满足检测要求。

4.1.2 仪器天线应为屏蔽性能好的天线。

4.1.3 宜采用单天线制式、连续探测方式。

4.1.4 不同厂家和型号的仪器,其后处理软件具有不同的信号反差或对比度、信号幅度的分阶、横向分辨率,故清晰程度不同,应注意选用。

4.2 仪器保养和管理

4.2.1 仪器检查检修
  检测仪器系统及其配件、附件,应按要求定期检查、维护保养,发现异常及时处理或维修,使其保持在正常运行状态。若久存不用,还应定期充放电和通电试运行。

4.2.2 仪器储存
  仪器应在通风、干燥、整洁的环境中储存。

4.2.3 仪器运输
  仪器运输应在包装完好、防震的条件下进行,避免淋雨进水、进入灰尘和剧烈颠振。

4.3 注意事项

4.3.1 探测深度和垂直分辨率要求
  1)探测深度:对于衬砌与支护结构检测的探测深度应大于1.0m;对路面下方情况检测的探测深度应大于10m。
  2)垂直分辨率:对于衬砌与支护结构检测的垂直分辨率应大于5cm;对于路面以下深部情况检测的垂直分辨率应大于50cm。

4.3.2 衬砌与支护结构宜采用400~600MHz天线(中心工作频率),其他频率天线只用作多参数补充检测或针对性强的检测。

4.3.3 对路面下方情况进行检测时,针对浅部宜采用400~600MHz天线,深部检测宜综合采用200MHz和100MHz天线,此时应注意行驶的车辆对100MHz地质雷达图像所产生的干扰回波。

4.3.4 瓦斯隧道,应选择防爆设备或在检测之前采取相应的安全措施。

5 检测方案编制

5.0.1 进行检测方案编制时,应提前进入现场,搜集设计、施工资料和把握现场目前情况。

5.0.2 检测方案编制宜包括如下内容。
1)检测类型、检测目的。
2)检测范围,包括隧道数量、地段长度等。
3)检测内容有衬砌与支护结构、路面下情况、防排水系统、边仰坡等。
4)检测项目指标、深度要求及所需要的其他检测内容等,如混凝土强度、净空断面、钻探、外观、水质取样化验分析、应力应变、裂缝与变形及其发展情况等。
5)检测工作量。
6)测线布置方式:
(1)应以纵向测线为主,横向测线为辅。
(2)对于交(竣)工验收检测,两车道隧道的纵向测线不少于3条(拱顶、两拱腰附近),三车道或四车道隧道则不少于5条(拱顶、两拱腰附近、两边墙)。
(3)对于其他类型的检测,纵向测线宜为3~7条,也可根据需要加密。
(4)横向测线宜根据需要进行部分或局部探测。
(5)测线布置应充分考虑到隧道洞身障碍的影响。
7)检测和评定依据,不同检测阶段和检测类型应分别满足相关规范或标准的检测和评定要求。
8)相对介电常数(波速)标定。
本技术指南适用于公路隧道衬砌与支护结构地质雷达检测;其他隧道和混凝土结构(路基路面、挡墙、桥台、墩柱等)可参考执行;路基、路面检测应加强地质雷达电磁波速度(相对介电常数)的标定。
(1)应针对检测对象确定相对介电常数或介质雷达波速度现场标定的位置和方法,标定位置应选在反射回波清晰、结构厚度均匀、变化平缓的部位附近,如初期支护设置钢拱架、二次衬砌未设置配筋、厚度20~50cm且变化缓慢的部位。
(2)对于龄期小于28d的混凝土,或有特殊要求时,应实时加强现场标定。
(3)同一个隧道采用不同强度等级的混凝土时,应分别进行标定。
9)人员和仪器设备,根据项目特点、要求和实际需要,确定拟投入的人员和仪器设备的类型和数量。
10)安全保证措施,检测过程(项目检测期前、期中、期后)应遵守《公路养护安全作业规程》(JTG H30—2004)等有关安全规程、细则的规定。

6 现场检测

现场检测工作,应包括现场准备、仪器和设备准备、原始记录与表格准备、有关工程技术图件资料准备、现场检测实施等环节。

6.1 现场准备

检测现场准备和检测条件,应按要求准备以下事项:

6.1.1 交工验收的隧道混凝土结构龄期以不低于 1 个月为宜,否则应加强现场波速标定。

6.1.2 路面应整平(包括路面坑洞、鼓包和凹凸不平等),清除块、碎石等杂物。

6.1.3 应对隧道洞身表面障碍进行特别关注和避让(风机、交通标牌、通行及消防设施等)。

6.1.4 应及时清理障碍,包括施工障碍、交通车辆或器具障碍、物品堆放等。

6.1.5 应及时、恰当确定测线高度,且测线应顺直,高度应统一。

6.1.6 应至少在隧道同一侧边墙上按 5m 或 10m 间距清晰地标出里程桩号,特殊情况下可加密标出。

6.1.7 现场检测桩号,应与施工桩号准确一致,且长期保留。

6.1.8 使用带测量轮的天线进行检测和定位时,应及早进行现场察看,清理路面、施工缝错台及恰当选择测线位置,以降低桩号累计误差。

6.1.9 使用激光扫描定位时,路面应平整,检测所用高空作业车应保持直线行驶。

6.1.10 高空作业台架或所准备的高空作业车,应安全可靠,适用方便。

6.1.11 现场照明、通风、排水应良好。

6.1.12 应进行交通管制,包括按有关管理程序办理交通管制手续,安排交管人员及时到位,设立安全警示标志等。

6.1.13 应注意消除有关安全隐患,包括未完工的排水检查井盖、已安装的交通标牌、通信监控设施、照明设施、消防设施等。

6.2 仪器和设备准备

6.2.1 应根据检测方案和检测内容,确定和组织各类型仪器设备及数量。

6.2.2 检测车辆

高空作业车、交通车必须性能完好,保证作业安全和检测要求。

6.2.3 检测仪器

1）主机、部件、备件、附件、电池等,应齐全、完好、正常。
2）应进行整机运行试验或测试,进行检查、检修,确认仪器性能应能满足检测需要,包括满足检测台班工作时间要求,运行稳定可靠。
3）各有源部件应充满电。
4）照明灯具、其余辅助工具、器具,应准备齐全,状况和性能完好。

6.2.4 对于辅助的检测项目内容,如钻探、取芯等,也应同时进行准备。

6.3 原始记录与表格准备

原始记录及表格,应包括以下内容和要求：

6.3.1 检测计划内容表格,应内容齐全、层次清晰、重点突出。

6.3.2 仪器运行记录表格,宜含仪器使用前后状态、使用人、使用时间、检测内容等栏目,并对应登记。

6.3.3 地质雷达现场检测记录表格,应满足现场检测、后处理要求,以全面、准确、清晰地反映现场情况和信息为准,可参考附录 A。

6.3.4 宜包括与检测工程对象有关的其他辅助表格。

6.4 相关工程图件资料准备

根据检测技术要求和目标,应进行以下准备：

6.4.1 相关工程的资料、图件,包括地勘、设计、施工、监理、交竣工、既有检测等方面。

6.4.2 设计和变更参数表格（应经委托方签章确认）,应含衬砌厚度、支护形式及参数、突水涌泥情况等。

6.4.3 水文、水质及其化验检测（检验）资料和报告等。

6.4.4 处治过程资料及图件或影像资料。

6.5 现场检测实施

6.5.1 现场检测应按设计方案实施,并根据现场实际情况调整。

6.5.2 应按检测技术要求,准确设置各有关主要参数,包括探测方式、选择恰当天线及设置中心工作频率、设置时窗长度、设置滤波器(高通、低通)、数据位数、设置扫描速率、调整直达波起点位置、设置和调试增益、设置个人所习惯的色彩(彩色、黑白)、确定汽车或台架移动的速率范围等。

6.5.3 主要参数设置方法

1)组合天线及中心工作频率选择

当同时探测不同深度、不同目标时,应组合使用 400MHz(或 500~600MHz)、100MHz、900MHz、1600MHz 天线。

2)单一天线及中心工作频率选择

应根据探测对象和目的不同、探测深度和分辨率要求综合选择,采用不同的中心频率(天线)。对于探测深度≤1.3m 的混凝土结构(如隧道上部结构、路基路面密实性)应采用 400~600MHz 天线,900MHz(深度<0.5~0.9m)、1.5GHz(深度<0.25m)宜作为辅助探测;对于探测深度为 1.3~15m 的混凝土结构(如仰拱深度、厚度等)或较大不良地质(空洞、溶洞、采空区等)宜采用 100MHz 和 200MHz 天线。

3)探测方式选择

一般应选择反射法连续探测方式。天线的定位方法,可采用常用的手动打标定位法和测量轮测距定位法。测量轮定位法,宜选择在衬砌表面平整地段,且应加强定位的误差标定或实施分段标定。

4)时窗长度确定

应根据探测深度和介质速度估算时窗长度,包括理论计算法、实用经验算法。

(1)理论计算法

除满足时间长度需要外,还宜适当考虑视觉习惯、数据处理、分析过程的方便和精度:

$$\Delta t = \frac{2h\sqrt{\varepsilon_r}}{0.3}k \tag{6-1}$$

式中:Δt——时窗长度,ns;

h——探测深度,m;

ε_r——相对介电常数,无量纲;

k——时窗长度调整系数,一般取 1.5 左右。

(2)实用经验算法

根据视觉习惯、其实际探测深度、速度范围及平均速度,400MHz 一般宜设为 50ns 左右;900MHz 设为 20ns 左右;100MHz 设为 300ns 左右,深度要求更深(超过 15m)时设为 500~600ns。

5)采样率或采样间隔

应根据仪器性能和要求设置,某些型号仪器无须设置,而是由仪器自动设置或需设置检测时域内的采样点数。

6)数据位数

应根据仪器性能和要求设置。一般 8 位或 16 位即可满足精度要求,但宜设置为 16 位。某些型号的仪器无须设置。

7)滤波器设置

在频域上,宜按中心工作频率设置如下:
(1)垂直滤波器(IIR、FIR)
某些型号的仪器在设置天线频率后该滤波器自动设置。
①垂直低通:取 2~3 倍的中心(天线)频率,如采用 400MHz 天线,低通截止频率宜为 800MHz。
②高通:取 1/4~1/6 中心(天线)频率,如采用 400MHz 天线,高通截止频率宜为 100MHz。
③某些型号的仪器在设置天线频率后,可直接自动调试,无须人工设置滤波器。
(2)水平滤波器(IIR 滤波器)
①水平光滑滤波:一般宜设为 3(扫描线数量)。此值增加则光滑度增加,小目标被从记录中滤掉,如果是检测钢筋或管道,此值不应大于 5。若检测浅表非常细小的目标(如混凝土中的细钢筋、电线、铁丝),就不应使用该滤波器,而将此值设为零。若寻找地基层位,此值宜适当提高,但不得超过 20。
②水平背景去除滤波:数据采集时,该滤波器一般不宜使用,而设为 0。
8)数字叠加
叠加次数不宜过大,太大不仅探测运行速率慢,而且抑制噪声的效果也不太明显,一般 4~32 次为宜。
9)探测扫描速率
探测扫描速率与车辆行驶速率(天线移动速率)是相对应的。探测扫描速率一般宜设置在 50~100scans/s(扫描线/秒),其对应的车辆行驶速率不宜大于 5km/h,不宜过快,以易于目标识别、分析,在视觉上单位纵向长度内的图像展布不宜过长或过短。否则其余配合工作跟不上,带来一系列问题,如读桩号、检测记录跟不上,存在现场安全隐患等。
10)首波或直达波调试
分自动和手动调试,也包含自动调试找不到信号时的手动调试。必须找到直达波而作为深度起点。
11)增益设置和调试
最大正负波形幅度宜占调试框宽度的 50%~70%,避免反射信号微弱或饱和失真。如在彩色显示方式下,数据采集时若能在屏幕上辨认出实时显示的较微弱的反射信号,在后处理软件中一般可通过增益放大(GAINS)使反射信号变得更清晰可分辨,更易于处理和异常判定。某些仪器需要设置检测时窗内的增益点数(1~8 个),进行自动调试或分点或段手动调试。在 50ns 时窗长度时宜设为 5 个增益点。
12)仪器调试
为达到较佳效果,宜对首波位置、增益等进行反复调试,对汽车行驶速率及时调整。

6.5.4 当发现因参数设置不当、受到障碍影响、天线没有密贴、受到较强电磁场干扰或紧急情况等而检测图像数据质量较差时,应立即停止数据采集,重新设置和返工。

6.5.5 检测过程应准确定位桩号和打标,严格控制纵向和横向误差。

6.5.6 使用探地雷达进行现场探测时,除空气耦合天线外,其余各种天线应始终密贴在被探测介质表面。现场正常检测时,天线不能脱离结构物表面或任何一端翘起。

6.5.7 对于天线未密贴的允许程度,以能够较清晰分辨反射目标为底限,否则应及时返工。

6.5.8 现场应边检测,边记录,边注意浏览实时回波图像,边观察现场环境和安全状况。对有较大可疑的反射异常,应及时记录和复检,以及早排除由操作不当造成的假异常。

6.5.9 仪器应由专业人员操作。

6.5.10 对于原始记录,不得随意涂改和更改数据文件名称,若需更改,则应由修改人画线作废,并在修改处签字或盖章。

6.5.11 检测过程,应文明作业,符合安全、环保作业相关要求。

7 数据处理

数据处理或称后处理,主要包括滤波处理、增益调整、色彩变换、显示方式(灰度图、单点方式)变换、复杂情况下的速度分段处理和折算处理等。应符合以下规定:

7.0.1 应首先确定混凝土的电磁波速度。对于龄期达到 28d 及以上的 C25 混凝土,400MHz 应取 7.5,其余参考附录 B 执行。

7.0.2 混凝土的雷达波相对介电常数和速度若需进行现场标定,则分别按下式计算:
(1)对于单天线体制的地质雷达,可按式(7-1)式(7-2)计算标定:

$$\varepsilon_r = \frac{c^2}{v^2} = \frac{c^2}{(2h/t)^2} = \frac{t^2 c^2}{4h^2} = \left(\frac{3 \times 10^8 t}{2h}\right)^2 \tag{7-1}$$

$$v = \frac{2h}{t} \times 10^9 \tag{7-2}$$

(2)对于双天线体制的探地雷达,可按式(7-3)计算标定:

$$\varepsilon_r = \frac{c^2}{v^2} = \frac{c^2}{(2h/t)^2} = \frac{t^2 c^2}{4h^2 + x^2} \tag{7-3}$$

式中:ε_r——相对介电常数,无量纲;
c——真空(空气)中的雷达波速度(光速),3×10^8 m/s;
v——介质的电磁波速度;
h——已知目标深度(厚度),m;
t——雷达波在已知厚度的目标中传播的往返旅行时间,s;
x——发射天线与接收天线之间的距离,m。

7.0.3 回波起始点(零点)的确定方法,可分为如下三种情况以供参考,但建议起始零点宜选定在直达波正波的中心:
(1)连续探测,彩色灰度图下。
起始零点宜选定在直达波正波的中心。
(2)连续探测,黑白灰度图下。
起始零点。宜选定在直达波正波中心偏下 2ns。这样,后续的反射异常界面,正好与彩色灰度图方式下对应。
(3)单点探测或 wiggle(变面积)方式下,起点宜选在直达波中心点。

7.0.4 根据拟判定的目标性质,应采用彩色灰度图或黑白灰度图、wiggle 方式进行,或以其混合方式进行数据分析。

7.0.5 在图像不够清晰、有明显干扰时,须进行滤波,如水平滤波等。

1)一般在仪器正常、现场检测参数设置正常的情况下,没有这样的干扰,故进行判读时不必进行滤波处理。

2)常用的有效方法有水平光滑滤波、水平背景去除滤波、降低增益,应根据需要选择。

(1)水平光滑滤波,即水平道间叠加,用于压制水平方向上的随机干扰,光滑记录,增强层位的连续性。

(2)水平背景去除滤波,用于改善识别小目标和倾斜反射的能力,消除水平干扰(水平干扰条带、强反射条带),如处理后可分辨出被"淹没"的钢筋、钢拱架、分界面。

(3)对采集窗口段的波形降低显示增益,可有效减小干扰或信号幅度,以免影响对波形的分析判断。

7.0.6 结构厚度连续追踪软件绘图

在沿探测方向进行混凝土厚度连续追踪绘图时,可借助于后处理软件的厚度追踪功能或专用后处理追踪软件,其他检测结果包括空洞或欠密实、钢拱架间距和数量、钢筋(配筋)数量、欠厚段分布、含水段分布等,按要求列表说明,给出对应起止桩号和参考起止深度,并予以定性描述。对应桩号的厚度数据,并按要求绘制成厚度图。

7.0.7 孤立点结构厚度绘图

1)厚度数据按固定桩号间隔列表,也可在 Excel 或 CAD 下按比例绘制。

2)结构厚度数据可按固定桩号间隔列表。

3)其他检测结果列表和说明。

其他检测结果,包括空洞或欠密实、钢拱架间距和数量、钢筋(配筋)数量、欠厚段分布、含水段分布等,按要求列表说明,给出对应起止桩号和参考起止深度,并予以定性描述。

8　图像解译

8.1　典型特征图像

8.1.1　部分有代表性的主要混凝土厚度底界、钢筋保护层底界等的确定方法、异常判读及其测试条件参考附录 C。

8.1.2　测试频率主要为 400MHz，另有少量为 270MHz、100MHz 和 900MHz。

8.1.3　测试部位是天线分别密贴在二次衬砌表面或初期支护表面对应检测，并提供相应的二次衬砌厚度、喷射混凝土厚度及预设物深度。

8.1.4　特征图像种类主要包括：
1）有关反射界面底界的判定方法及结构物厚度。
2）在二次衬砌表面测试的素混凝土厚度。
3）在二次衬砌表面测试的钢筋混凝土厚度。
4）在初期支护表面测试的设置有钢支撑的喷射混凝土厚度。
5）在初期支护表面测试的未设置钢支撑的喷射混凝土厚度回波特征。
6）路面混凝土（含沥青面层）厚度。
7）单层与双层钢筋的反射回波特征。
8）工字钢和钢筋的保护层厚度判定方法试验及回波特征。
9）素混凝土的各种脱空。
10）装饰瓷砖脱空。
11）钢筋混凝土的各种脱空特征。
12）有关混凝土不密实。
13）路基或路面下的溶洞。
14）钢筋混凝土背后的人防洞。
15）素混凝土仰拱断裂。
16）T 梁的钢筋保护层厚度 400MHz 与 900MHz 测试回波对比图。
17）路面下空洞和不密实。
18）400MHz 的盲区测试回波图。
19）有关假异常。

8.2　注意事项

8.2.1　在回波图像上，应首先清晰地看到直达波和反射波，能够分辨出真假异常，提取有效异常，剔除干扰异常（由障碍、天线未密贴或操作不当、天线或仪器缺陷等造成）。

8.2.2 异常应包括真假空洞或脱空、分界面、钢支撑等。

8.2.3 若因有疑问而不确定,应及时进行复检或调查、破检确认。

8.2.4 应注意正确区分介质耦合天线未密贴所产生的空洞假象。

8.2.5 应注意正确区分介质耦合天线未密贴而翘起所产生的空洞假象。

8.2.6 应注意正确判定钢筋混凝土中的空洞。

8.2.7 应注意正确判定因配筋较浅所造成的混凝中的空洞或脱空假象。

8.2.8 应注意正确判定因行驶的车辆所造成的空洞或脱空假象。

8.2.9 现场检测时,应密切注意检测环境和条件变化。

9 检测报告

检测的报告分为检测报告和检查报告两种类型。

9.1 报告编写

9.1.1 报告中,文字应清晰、简明扼要、意义明确,不含糊其词,避免用"大概"、"可能"。

9.1.2 报告中,数据应真实、准确、完整。

9.1.3 报告中,内容应包括工程与地质概况、检测内容、技术要求、采用仪器及型号、探测原理与方法、所依据的规范规程与技术资料、设计参数、测线布置、检测工作量、主要技术参数、检测结果与结论、文字、图件、分析与评估等。

9.1.4 对二次衬砌厚度、喷射混凝土厚度、脱空或空洞等应列表并说明,必要时可对结构厚度实测值进行图示。

9.1.5 脱空
1) 对于二次衬砌与初期支护之间的脱空及初期支护背后的空洞应定性描述其分布情况,给出脱空区起止桩号、脱空深度范围、脱空区二次衬砌厚度最大和最小值范围,并对应列出二次衬砌厚度设计值。
2) 脱空大小可按脱空估算高度分为离缝、较小脱空和较大脱空三类:
(1) 离缝是指因混凝土收缩或其他原因引起的二次衬砌与初期支护之间的缝隙,一般高度不应大于5cm。
(2) 较小脱空是指二次衬砌与初期支护之间脱空高度介于5~15cm。
(3) 较大脱空是指二次衬砌与初期支护之间脱空高度超过15cm。

9.1.6 报告中宜含有典型的地质雷达图像,以足以示明其判定方法、判定标准及图像质量。

9.1.7 报告中应根据具相关技术规范要求,进行有关合格率统计。

9.1.8 报告中应包含工程项目名称、委托单位、承检单位、检测时间、地点、注意事项等信息。

9.2 报告审查

9.2.1 地质雷达检测报告应至少经过检测、审核、批准确认后向用户提交。

9.2.2 报告必须签字盖章齐全,形式、内容和信息完整。

9.2.3 呈送批准的成果应包括:
1) 报告、附图和附表。
2) 检测的原始记录、原始图像文件和仪器运行记录。

9.2.4 提交审查的报告,应内容完整、图表齐全,内容和形式符合本技术指南的相应规定。如有下列情况,报告不予审查:
1) 未按要求绘制的图件。
2) 未经有关人员审核的图件和图表。
3) 资料和图表混乱,未经认真整理装订。

9.2.5 报告有下列情况之一者,审查不予通过:
1) 综合分析和描述不够充分,对主要问题没有提出明确的结论或建议。
2) 概念不清,采用参数不准导致结果错误,结论不正确。
3) 文字报告章节不清,文理不顺,前后矛盾,图件中有严重错误。

10 检测质量控制

地质雷达检测质量控制应包括检测机构自检要求、检测质量评定和检测质量评定结果处置。

10.1 自检要求

10.1.1 自检复测宜不少于5%的测线总长度且不少于50m测线长度。

10.1.2 复测位置与原测线位置应保持一致,复测位置宜选在反射回波和对应结构清晰、厚度变化较缓慢的地段进行。

10.1.3 自检复测结果应符合下列规定:
1)检测机构将自身前后两次检测结果对比,雷达图像应有良好的重复性、波形基本一致、异常没有明显移位。
2)厚度相对误差小于15%为合格,空洞或脱空判断准确率不小于90%。
3)合格的检查点数量不小于90%的总检查点数量为合格。

10.1.4 局部破损检测。
必要时,检测机构可进行钻孔或开孔检查验证。

10.1.5 当复测自检结果不满足10.1.3要求时,整个检测工作必须重新进行,复测自检结果应与检测报告一起提交。

10.2 检测质量评定

10.2.1 二次衬砌厚度或喷射混凝土厚度的相对误差应小于15%。

10.2.2 空洞或脱空判定准确率不小于90%,并对脱空性质进行定性描述,给出脱空起止桩号、对应衬砌厚度最小值和最大值范围,对脱空深度辅以定量估值。

10.2.3 金属物的数量误差。
对金属物(钢拱架、配筋等)施工较为整齐、规范、反射波对其反映清晰的混凝土结构,金属物数量误差不大于10%。

10.3 争议处理

10.3.1 当两个检测机构针对地质雷达的检测结果发生争议时,应沿隧道纵向画线,并均沿测线扫描探测,用于误差比对和评定。

10.3.2 对有争议的宜进行局部破损检查验证,或通过局部破损检查得到所采用关键参数的进一步标定修正以达到取值统一,解译方法一致,然后再进行误差评定。

附 录 A
地质雷达隧道检测现场记录推荐格式

表 A-1　地质雷达隧道检测现场记录推荐格式 1（标定及检查）

记录表格编号：

工程名称							施工单位			
检测部位							规格型号			
检测内容							检测条件			
检测依据							检测时间			
主要仪器设备及编号							页　码		第　页共　页	
测　试							记　录			

工作内容	标定点数	桩号	位置	厚度读数(cm)			平均值(cm)	旅行时间	电磁波速(m/s)
				1	2	3			
衬砌混凝土电磁波速标定									

衬砌混凝土厚度检查点	测点编号	1	2	3	4	5
	桩号					
	位置					
	实测厚度					
	雷达探测厚度					
	相对误差					
	测点编号	6	7	8	9	10
	桩号					
	位置					
	实测厚度					
	雷达探测厚度					
	相对误差					

备注	

表 A-2 地质雷达隧道检测现场记录推荐格式 2（现场检测）

记录表格编号：

工程名称				页　码	第　页共　页		
测　试				记　录			
桩号＼测线扫描线标线	测线 1	测线 2	测线 3	测线 4	测线 5	测线 6	测线 7
	高度(m)：	高度(m)：	高度(m)：	高度(m)：	高度(m)：	高度(m)：	高度(m)：
	文件名：	文件名：	文件名：	文件名：	文件名：	文件名：	文件名：
检测过程及影响检测的描述							
备　注	检测过程中应记录以下内容： 1. 测线编号、行走方向、天线频率或型号、标记及间隔； 2. 可能对检测产生电磁影响的物体（如渗水、电缆、铁架等）及其位置； 3. 检测过程中发现的病害、缺陷位置及具体描述，应描述其主要形态特征及量测其主要参数，画出示意图						

表 A-3 地质雷达隧道检测现场记录推荐格式 3(现场复核)

记录表格编号：

工程名称				页 码	第 页共 页
测 试				检测时间	
复 核				复核时间	
测线位置				允许相对误差	
序号	桩 号	检测结果(m)	复核结果(m)	相对误差(%)	备 注
相对误差计算以检测点结果与其复核结果的平均值为参照基点(分母)					

附 录 B
重庆地区混凝土相对介电常数参考值

表 B-1　重庆地区混凝土相对介电常数参考值

ε_r 频率(MHz) 强度等级	100	200	270	400	900	1500
C15	12~13	—	9~10	8~10	8~10	8~10
C20	11	—	9	8	8	8
C25	10	—	8	7.5	7.5	7.5
C30	9.5	—	8	7.5	7.5	7.5
C35	9.5	—	8	7.5	7.5	7.5
C40	8.5	—	8	7.5	7.5	7.5
C45	8.5	—	8	7.5	7.5	7.5
C50	8.5	—	8	7~7.5	7~7.5	7~7.5

说明：表 B-1 中的数据是在常温（-20℃~+38℃）、常压、相对湿度 30%~85% 下取得；地域涵盖全国各地，但以重庆地区居多；C20~C50 混凝土 400~900MHz 样本数量多，且得到本指南编写单位的普遍采用；C15 及以下的各频率样本和 100MHz 的各强度等级样本较少。

附 录 C
典型特征图像

C.1 隧道初期支护有钢支撑的混凝土底界

（1）素混凝土二次衬砌底界取在钢支撑强反射负波的顶界，如图 C-1 所示。

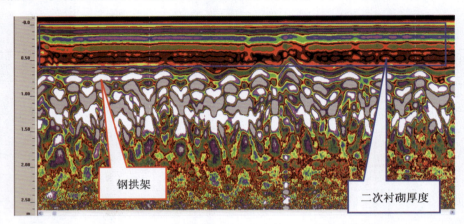

图 C-1　有钢支撑的混凝土底界（400MHz）

（2）喷射混凝土底界取在钢支撑与混凝土所构成的强反射条带的负波顶界，如图 C-2 所示。

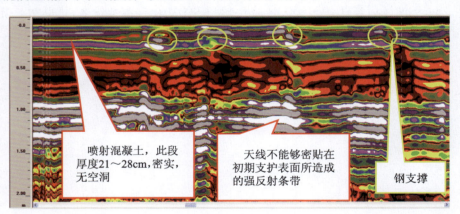

图 C-2　喷射混凝土厚度、密实性、钢支撑（400MHz）

（3）钢筋混凝土二次衬砌底界取在钢筋后强反射负波的顶界，如图 C-3 所示。

（4）素混凝土底界取在强反射负波的顶界，如图 C-4 所示。

（5）无钢支撑或喷锚网的喷射混凝土厚度底界。

需根据回波图，结合现场支护观测、局部破损检查进一步确认，迄今地质雷达尚不能独立准确分辨无钢支撑或喷锚网的喷射混凝土厚度，图 C-5 所示。

（6）其他情况的混凝土。

根据反射界面特性即界面上下两侧介质波速的相对大小，首先确认在该界面上是正波首先反射，还是负波首先反射，如从低速介质进入高速介质（空洞、钢材），负波首先发生反射，其底界可选在负波顶界，相反可选在正波顶界或中心（图 C-6）。

（7）路面混凝土厚度。

路面厚度情况可以此类推或参考。图 C-6 为将路面厚度底界经钻孔标定在正波中心（其下为波速较低的泥岩);图 C-7 则将路面厚度底界标定在负波顶界。

(8)界面的反射特征及情况变化较大,应根据具体情况进行分析和判断。

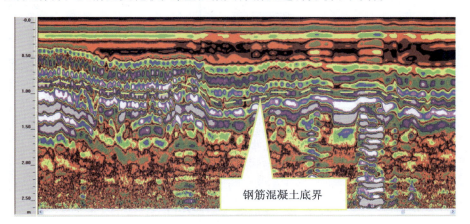

图 C-3　钢筋混凝土底界(400MHz)

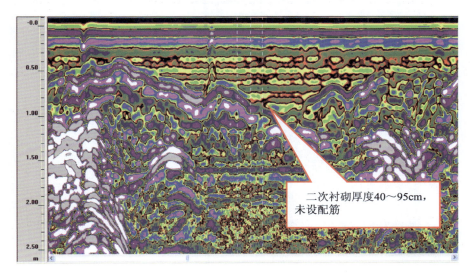

图 C-4　素混凝土底界(400MHz)

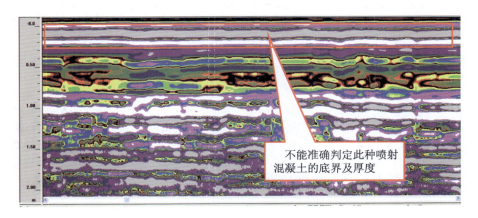

图 C-5　无钢支撑或喷锚网的喷射混凝土反射回波(400MHz)

C.2　双层配筋与单层配筋的分辨

根据反射波形可以大致区分混凝土中是双层配筋还是单层配筋,如图 C-8 所示。

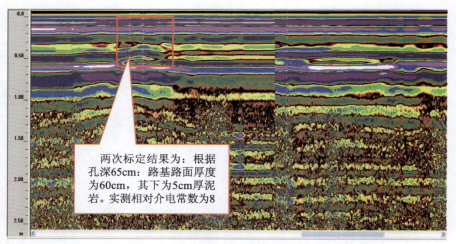

图 C-6　路面厚度标定（400MHz）

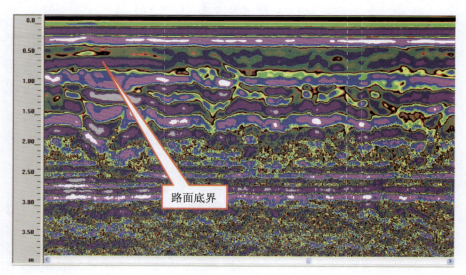

图 C-7　路面厚度标定（270MHz）

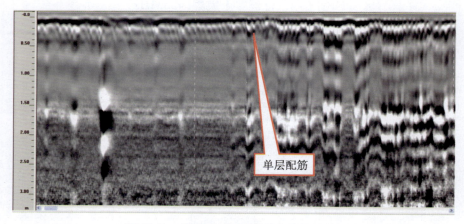

图 C-8　混凝土单层配筋（400MHz）

C.3　钢拱架或钢筋的顶界深度

钢拱架或钢筋的顶界深度取在其对应反射负波的顶界，如图 C-9 所示。

C.4 空洞或脱空

（1）孤立小空洞。

以小的排水管为例，不同的探测频率和波长下表现为一个孤立的强反射白点或略微上拱的白点，甚至没有显著的多次反射波。其波形特点与钢筋反射波没有本质区别，要区分是排水管，还是钢筋，还要根据其分布特点和分布规律性，即产状（图 C-10）。

图 C-11 为单个孤立小空洞的回波图，且有空洞所具有的典型上翘（双曲线）弧形反射波。

（2）喷射混凝土背后空洞。

①初期支护的喷射混凝土背后空洞：表现为锯齿状，有的形成多次反射，拖着尾巴，有的则没有（图 C-12）。

②喷射混凝土背后长距离脱空，如图 C-13 所示。

（3）初期支护与二次衬砌间脱空：缝隙状，并有多次反射，拖尾巴（图 C-14）。

（4）瓷砖与二次衬砌间脱空：表面附近的瓷砖脱空，引起多次反射（图 C-15）。

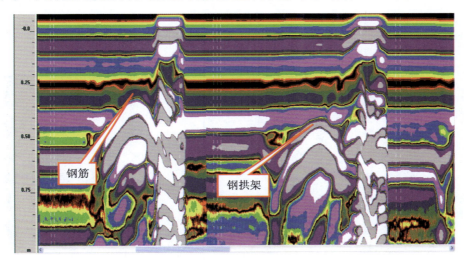

图 C-9　钢拱架或钢筋的顶界深度（400MHz）

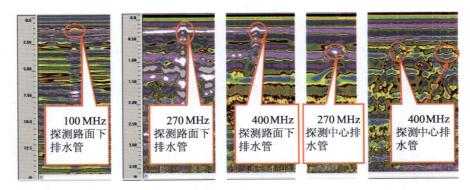

图 C-10　不同波长探测隧道下部排水管的雷达灰度图（400MHz）

C.5 较大脱空或空洞

（1）钢筋混凝土脱空及其多次反射波，情况多样复杂，须认真鉴别，如图 C-16～图 C-21 所示。

（2）素混凝土二次衬砌与初期支护间较大脱空，如图 C-22～图 C-27 所示。

（3）路面下的空洞，如图 C-28 所示。

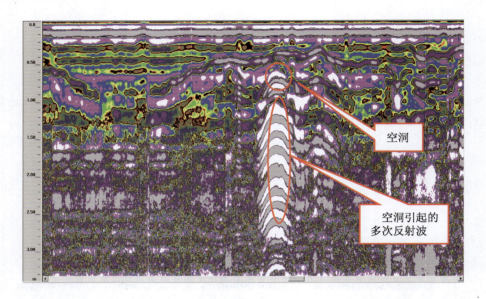

图 C-11 单个孤立小空洞（400MHz）

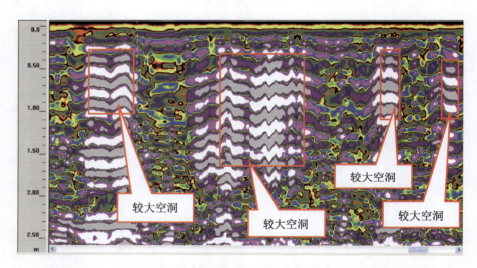

图 C-12 喷射混凝土背后单个孤立较大空洞（400MHz）

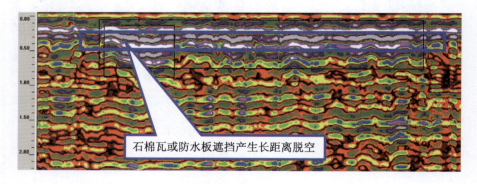

图 C-13 喷射混凝土背后长距离脱空（400MHz）

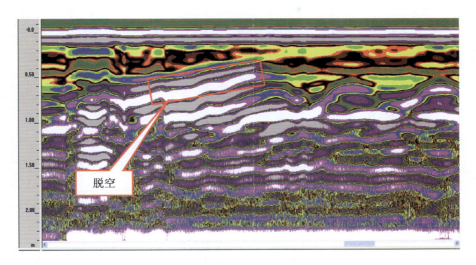

图 C-14　二次衬砌与初期支护间脱空（400MHz）

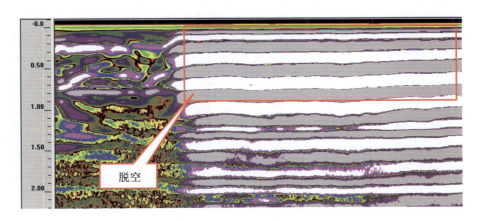

图 C-15　瓷砖与二次衬砌间脱空（400MHz）

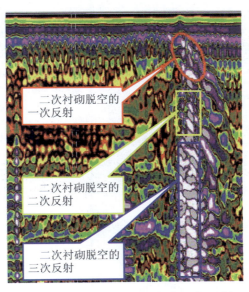

图 C-16　有配筋的二次衬砌脱空及其多次反射（400MHz）

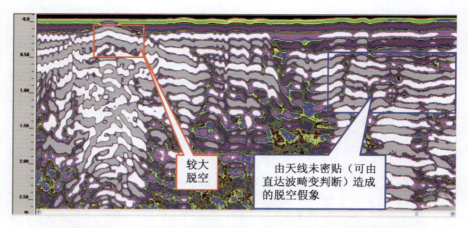

图 C-17　有配筋的二次衬砌脱空及脱空假象（400MHz）

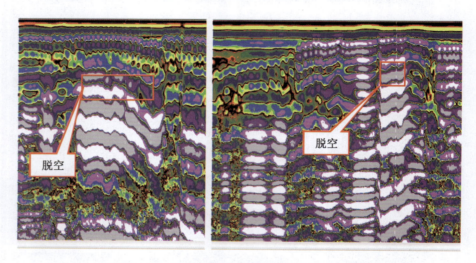

图 C-18　钢筋混凝土深部脱空（400MHz）

图 C-19　有配筋的二次衬砌纵向小范围横向较大脱空（400MHz）

（4）隧道拱部上方的人防洞，如图 C-29 所示。

C.6　路面下的较大溶洞 100MHz 回波（图 C-30）

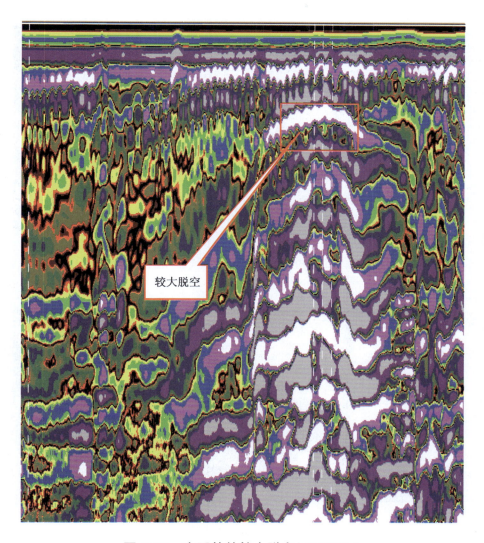

图 C-20　有配筋的较大脱空（400MHz）

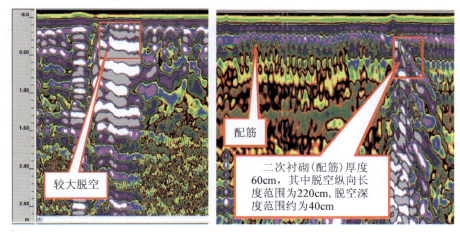

图 C-21　有配筋的二次衬砌脱空及其多次反射（400MHz）

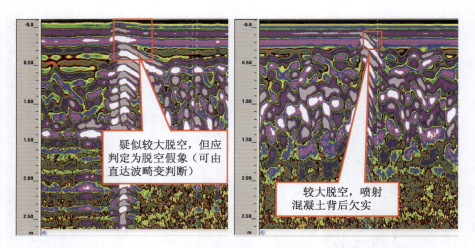

图 C-22　二次衬砌与初期支护间较大脱空（400MHz）

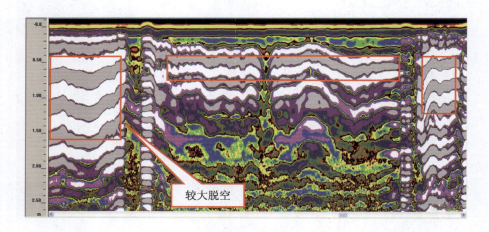

图 C-23　二次衬砌与初期支护间较大脱空（400MHz）

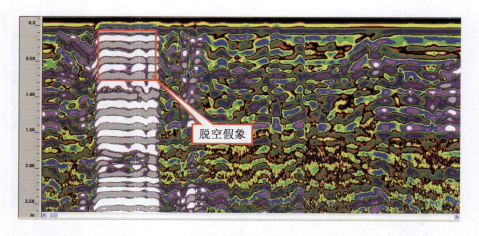

图 C-24　消防箱引起的脱空假象（400MHz，可由直达波畸变判断）

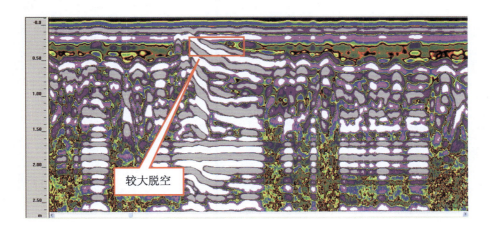

图 C-25　二次衬砌与初期支护间较大脱空（400MHz）

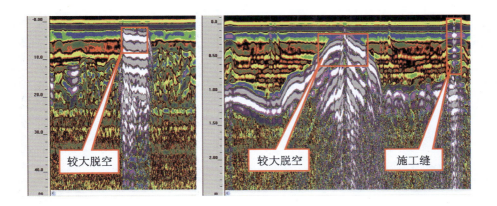

图 C-26　二次衬砌与初期支护间较大脱空（400MHz）

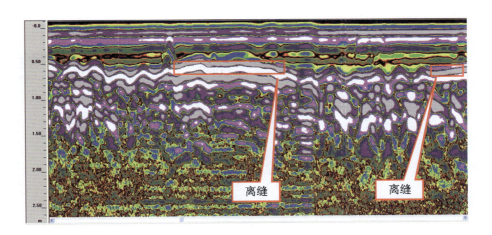

图 C-27　二次衬砌与初期支护间的离缝（400MHz）

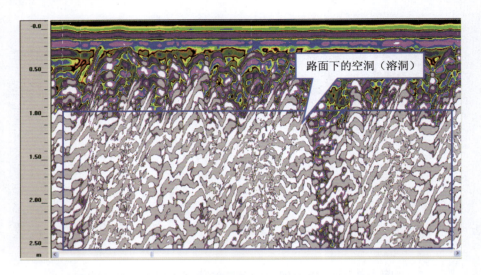

图 C-28　路面下的空洞（溶洞）回波（400MHz）

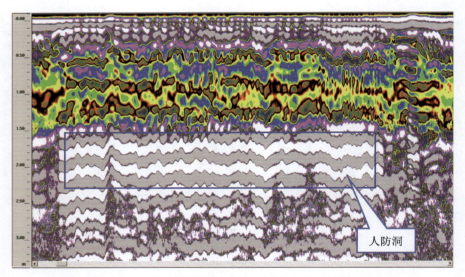

图 C-29　隧道拱部上方的人防洞回波（400MHz）

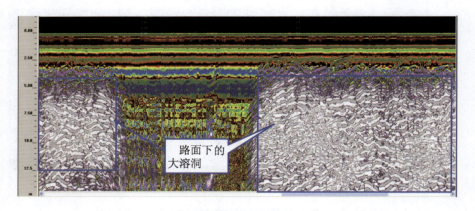

图 C-30　路面下的较大溶洞回波（100MHz）

C.7 不密实

不密实也属充填物之间有小空洞的范畴。

(1) 喷射混凝土背后不密实,如图 C-31 所示。

(2) 二次衬砌混凝土欠密实,如图 C-32 所示。

(3) 二次衬砌混凝土不密实(二次衬砌为片石),如图 C-33 所示。

(4) 在二次衬砌表面检测到的钢拱架背后不密实(二次衬砌为片石),如图 C-34 所示。

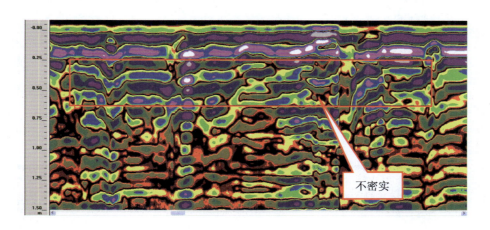

图 C-31　喷射混凝土背后不密实(400MHz)

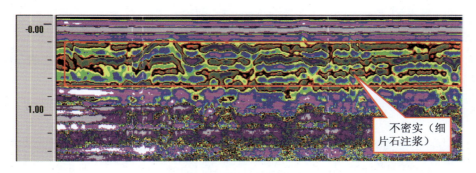

图 C-32　二次衬砌混凝土欠密实(400MHz)

C.8 混凝土离析

混凝土密实,但水灰比较大,集料较少,强度降低(图 C-35)。

C.9 工字钢或钢筋

其与孤立的小空洞或小脱空的反射波形相似,在回波特征上和在反射理论的实质上没有什么本质区别,均为电磁波在由低速介质进入高速介质的界面上发生的强反射(图 C-36)。

C.10 仰拱厚度及深度

仰拱的厚度、深度及密实状况 100MHz 回波图,如图 C-37 所示。

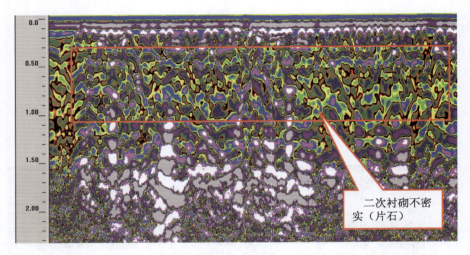

图 C-33 二次衬砌为片石充填（400MHz）

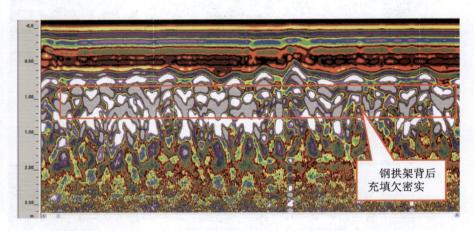

图 C-34 二次衬砌为片石充填（400MHz）

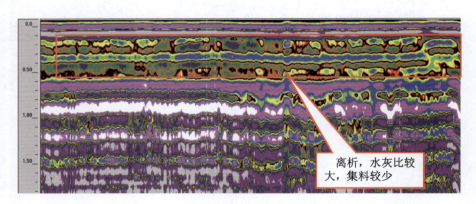

图 C-35 混凝土离析（400MHz）

C.11 钢筋保护层厚度

T 梁表面天线检测钢筋保护层厚度回波图如图 C-38、图 C-39 所示。

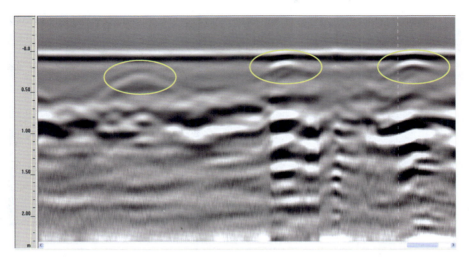

图 C-36　钢筋或工字钢（400MHz）

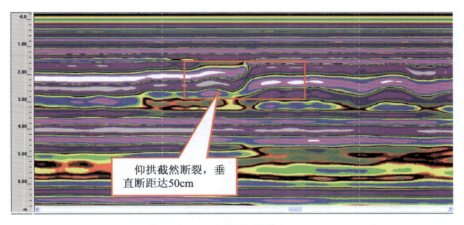

图 C-37　仰拱厚度、深度及密实状况 100MHz 回波图

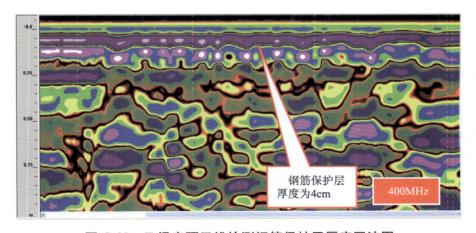

图 C-38　T 梁表面天线检测钢筋保护层厚度回波图

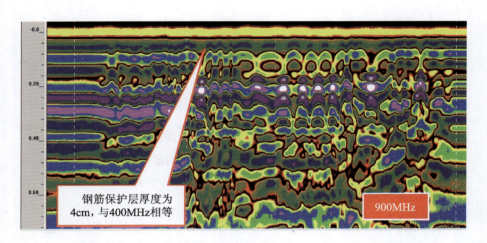

图 C-39　T 梁表面天线检测钢筋保护层厚度回波图

C.12　路面下不密实和空洞

路面下不密实和空洞回波图（400MHz）如图 C-40 所示。

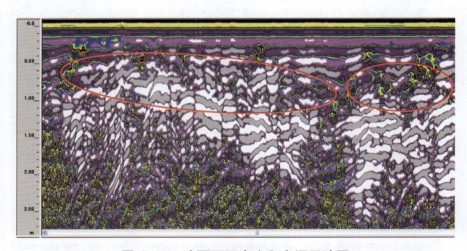

图 C-40　路面下不密实和空洞回波图

C.13　盲区

二次衬砌表面 400MHz 天线的最小探测厚度值（盲区）试验回波图如图 C-41 所示。

C.14　假异常

造成假异常的原因主要有：
（1）天线操作不当。
（2）天线轻微故障。
（3）增益设置不恰当，或窗口某段增益偏大或过大。
（4）天线不屏蔽或屏蔽性能差，因受到障碍干扰造成假异常。

因操作差异、地下空间尺寸大小不同，假异常表现形式较多，有空洞或脱空假象、假裂隙或裂缝、钢拱架与空洞混淆等。

(1)天线未密贴到初期支护表面所造成的空洞假象,如图 C-42 所示。
(2)天线一端在地面翘起所造成的空洞假象,如图 C-43 所示。

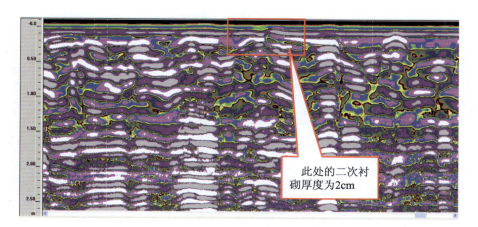

图 C-41　二次衬砌表面 400MHz 天线的最小探测厚度值(盲区)试验回波图

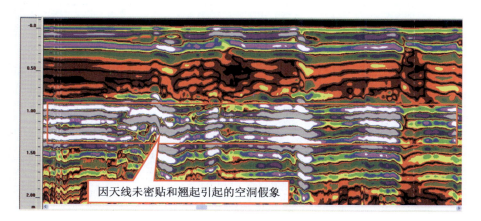

图 C-42　天线未密贴到初期支护表面所造成的空洞假象(400MHz)

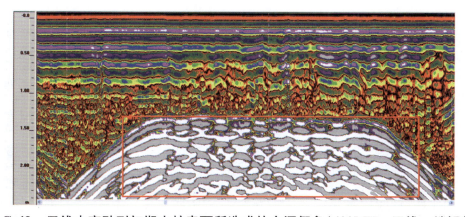

图 C-43　天线未密贴到初期支护表面所造成的空洞假象(400MHz,天线一端翘起)

(3)天线一端翘起造成倾斜裂缝假象,如图 C-44 所示。
(4)路基有砂砾,天线未密贴在路面上,造成路基下不密实的假象,如图 C-45 所示。
(5)配筋很浅产生的强反射脱空假象,如图 C-46 所示。

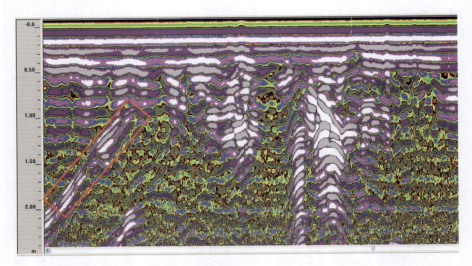

图 C-44　天线未密贴到路面所造成的空洞假象（400MHz）

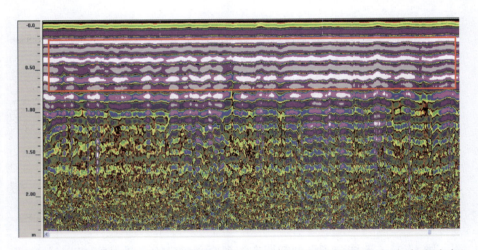

图 C-45　路面因砂砾天线未密贴造成不密实假象（400MHz，直达波略畸变）

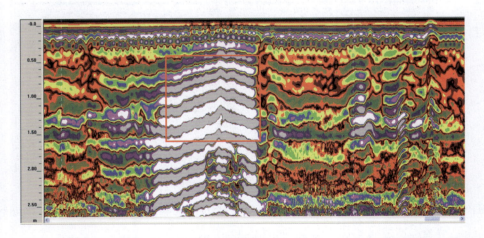

图 C-46　配筋很浅造成二次衬砌脱空假象（400MHz，可由直达波畸变判断）

(6)天线翘起造成的脱空假象,如图 C-47 所示。
(7)行驶的汽车干扰造成的空洞假象,如图 C-48 所示。
(8)天线在初期支护表面跳动引起的脱空假象,如图 C-49 所示。

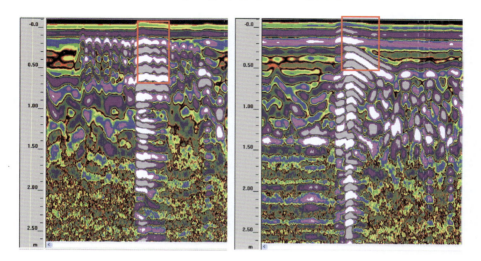

图 C-47　天线翘起造成的二次衬砌脱空假象(400MHz)

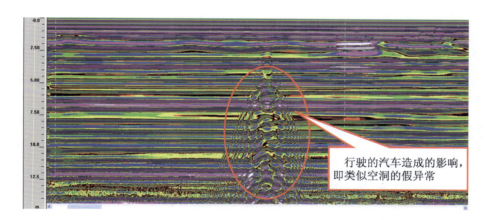

图 C-48　行驶的汽车对 100MHz 天线干扰的回波图

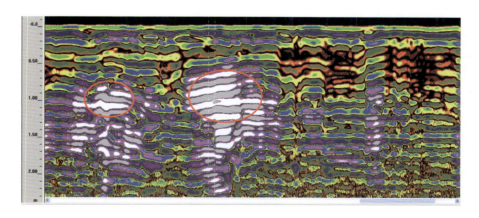

图 C-49　初期支护表面 400MHz 天线跳动引起的脱空假象回波图

说明:本附录所提供的典型图像仅为试验研究或实践工作时采用的某型号仪器设备采集的数据编译获得,不代表该型号仪器设备为唯一可选用仪器设备。